REVUE TRIMESTRIELLE

DE

DROIT CIVIL

COMITÉ DE DIRECTION :

A. ESMEIN
Membre de l'Institut,
Professeur à la Faculté de droit
de l'Université de Paris ;

R. SALEILLES
Professeur à la Faculté de droit
de l'Université de Paris ;

CH. MASSIGLI
Professeur à la Faculté de droit
de l'Université de Paris ;

ALBERT WAHL
Professeur à la Faculté de droit
de l'Université de Paris,
Doyen honoraire de la Faculté de droit
de l'Université de Lille.

ABONNEMENT ANNUEL :

France, **20** francs; Étranger, **22** francs.
Prix du Nº *franco*, **6** francs.

EXTRAIT

DE LA
PROTECTION DES ENFANTS LÉGITIMES
APRÈS LE PRÉDÉCÈS DE LEUR PÈRE OU DE LEUR MÈRE
Par M. Marc DESSERTEAUX
*Chargé de conférences
à la Faculté de droit de l'Université de Paris.*

LIBRAIRIE
DE LA SOCIÉTÉ DU
RECUEIL SIREY
22, rue Soufflot, PARIS, 5ᵉ arrdᵗ
L. LAROSE & L. TENIN, Directeurs

1912

DE LA

PROTECTION DES ENFANTS LÉGITIMES

APRÈS LE PRÉDÉCÈS

DE LEUR PÈRE OU DE LEUR MÈRE

Par M. Marc Desserteaux,

Chargé de conférences à la Faculté de droit de l'Université de Paris.

Il y a une vingtaine d'années, fut promulguée une loi longuement et consciencieusement étudiée, qui, dans la pensée de ses auteurs, devait réaliser de grandes améliorations dans le droit des personnes. C'était la loi du 24 juillet 1889 sur la déchéance de la puissance paternelle, qui permet aux tribunaux de priver de tous leurs droits sur la personne et les biens de leurs enfants le père ou la mère qui, « par leur ivrognerie habituelle, leur inconduite notoire et scandaleuse ou par de mauvais traitements, compromettent, soit la santé, soit la sécurité, soit la moralité de leurs enfants ».

Il semblait que rien ne fût plus juste et plus logique, et cependant, cette loi est loin d'avoir donné tout ce qu'on en attendait; et on peut même se demander si, depuis sa promulgation, la protection réelle dont jouissent les enfants victimes de leur famille n'a pas subi, dans la pratique, une régression.

On connaît les raisons de ce très regrettable phénomène. On sait qu'avant la loi, sous l'empire du Code civil, les tribunaux se reconnaissaient assez volontiers le droit de priver le père et la mère des droits dont ils abusaient : les magistrats exerçaient, en cette matière, un pouvoir, arbitraire peut-être, mais qui, très bien nuancé, s'adaptait fort équitablement aux exigences pratiques : prononçant le retrait, tantôt de la garde, tantôt de la jouissance légale, tantôt de l'administration légale, suivant les circonstances, prenant seulement des mesures restrictives d'un de ces droits quand le retrait total ne paraissait pas utile, limitant l'effet de leur décision à un enfant quand les parents s'acquittaient consciencieusement de leurs devoirs vis-à-vis des autres, les tribunaux arrivaient, souvent, à faire acte de bonne justice.

La déchéance que la loi du 24 juill. 1889 nous offre comme remède à ces situations pénibles porte nécessairement sur tous les attributs de la puissance paternelle, ce qui est un peu excessif, car il se peut qu'un homme brutal ou violent soit bon administrateur et *vice versa*; chose plus grave, elle produit effet nécessairement à l'égard de tous les enfants [1], de sorte que, quand les parents n'en maltraitent qu'un seul, les tribunaux ne peuvent venir au secours de celui-là qu'en sacrifiant l'intérêt des autres. Aussi cette déchéance effraie-t-elle nos magistrats : ils évitent de la prononcer, et le ministère public évite de la demander.

Très mal défendus par l'arme trop lourde et trop peu maniable que le législateur de 1889 a mise entre les mains des magistrats, les enfants maltraités ou moralement abandonnés ne peuvent plus, d'autre part, compter beaucoup, depuis la loi de 1889, sur la protection que la jurisprudence avait organisée en leur faveur avant cette loi. Car, lorsqu'ils sont sollicités de prendre de nouveau en faveur des enfants ces mesures restrictives de la puissance paternelle qui leur étaient assez familières avant 1889, les tribunaux répondent le plus souvent [2] que la loi nouvelle a supprimé leur droit

----

(1) V. notamment Douai, 8 mai 1893, D. 93. 2. 401 et la note conforme de M. de Loynes.

(2) On verra plus loin qu'il serait un peu excessif de dire (comme le dit notamment M. Planiol, 3ᵉ éd., t. I, nᵒ 1749) que les tribunaux refusent,

d'intervention dans tous les cas qu'elle ne prévoit pas ; et que les déchéances partielles de la puissance paternelle ne sont plus possibles, depuis que la loi a organisé une déchéance globale.

Beaucoup d'éminents auteurs ont regretté cette attitude de la jurisprudence, et lui adressent de sérieuses critiques juridiques. Nous ne voulons pas revenir sur cette controverse. Rappelons que les arrêts ont allégué surtout, en faveur de leur nouvelle théorie, un argument tiré des travaux préparatoires de la loi du 24 juillet 1889 (1), d'où il résulterait que le législateur a voulu exclure les déchéances partielles de la puissance paternelle ; ils ont dit aussi que, avant 1889, le pouvoir d'appréciation des tribunaux se justifiait par ce fait qu'il s'agissait d'une matière non réglée par le Code civil, ce qui conduirait à dire que ce pouvoir a disparu maintenant que la matière est réglée par une loi spéciale (2). Peut-être aussi les juges ont-ils été impres-

d'une façon absolument systématique, depuis 1889, les mesures restrictives de la puissance paternelle qu'ils prenaient auparavant. Ainsi, les tribunaux ont toujours consenti à intervenir lorsqu'il s'agit d'obliger le père à laisser ses enfants correspondre avec leurs grands-parents, et à les conduire chez leurs grands-parents à certains jours. Il est vrai qu'en pareil cas, il y a un véritable *conflit de droits* entre la puissance paternelle qui appartient au père, et les attributs de la puissance paternelle qu'on est obligé de reconnaître aux ascendants (arg. art. 150 et 932 C. civ.), et qui ne sont certainement pas énumérés limitativement par les textes : la jurisprudence peut donc admettre cette solution sans s'écarter de son principe général (V. Desserteaux, *Abus de droit ou conflit de droits, Revue.* 1906, p. 119). Quelques décisions ont aussi admis (dès avant la loi du 2 juill. 1907) que les tribunaux avaient conservé un certain pouvoir de restreindre la puissance paternelle à laquelle étaient soumis les enfants naturels (Trib. Seine, 27 janv. 1890, S. 91. 2. 17). Il semble aussi que certaines mesures conservatoires puissent encore être prises pour faire échec aux abus que le père peut commettre dans l'exercice de la jouissance légale qu'il possède sur les biens de ses enfants légitimes (Lyon, 13 nov. 1894, S. 95. 2. 145). — Nous verrons plus loin que des jugements (pour la plupart réformés) retirent de temps à autre la *garde* au père d'un enfant légitime.

(1) V. notamment le rapport Courcelle-Seneuil, *J. off.*, annexe n° 3389, doc. parl., Chambre, 1889, p. 726, 2ᵉ col., et les observations de M. de Loynes au D. 93. 2. 401.

(2) Cet argument est bien faible. Si ce pouvoir d'appréciation se conciliait avec les textes du Code civil, il n'a pu disparaître que par une disposition nouvelle incompatible, et on cherche vainement une telle disposition dans la loi de 1889.

sionnés par une considération de procédure, qu'ils ont rarement mise en avant, mais qui a sa valeur : le législateur nouveau a cru nécessaire d'entourer les actions en déchéance de la puissance paternelle des garanties d'une procédure spéciale, très compliquée, et dérogatoire au droit commun (art. 4 et s. de la loi); si on admettait des actions en déchéance partielle, on ne pourrait leur appliquer cette procédure en raison de son caractère exceptionnel; il serait contraire à l'esprit de la loi d'instruire ces actions suivant la procédure ordinaire (1); et enfin, il y aurait réellement quelque chose de téméraire de la part de la jurisprudence à vouloir créer pour ces actions une procédure *sui generis*.

Nous ne rechercherons pas si ces raisons étaient absolument irréfutables (2). Nous constaterons seulement qu'elles sont assez graves, qu'elles paraissent avoir définitivement entraîné la conviction des magistrats et qu'il en résulte, en pratique, un état de choses des plus fâcheux. C'est pourquoi il nous a paru intéressant de rechercher s'il ne serait pas possible, sans combattre le principe dont part cette jurisprudence, de trouver, dans quelques cas particulièrement intéressants, des arguments au moyen desquels on pourrait justifier, sous la loi de 1889, le maintien de l'ancien droit d'intervention des tribunaux.

C'est l'étude que nous voudrions entreprendre spécialement en ce qui concerne les enfants légitimes dont un des auteurs, père ou mère, est prédécédé. Il n'est guère douteux que le père ou la mère survivant peut être privé de l'administration des biens du mineur qu'il exerce à titre de tuteur (art. 444, cbn. 390); nous voudrions chercher s'il peut être également privé de la *garde* (3), sans qu'on

---

(1) L'instruction de ces actions suivant la procédure ordinaire constituerait véritablement un moyen de tourner la loi : car il suffirait au demandeur de ne réclamer que la déchéance de la puissance paternelle démembrée d'un de ses attributs les moins importants pour échapper aux règles de procédure de la loi de 1889.

(2) V. contre la théorie de la jurisprudence, Bourcart, dans S. 91. 2. 17 et Planiol, 3ᵉ éd., t. I, nº 1749. — Dans le sens de cette théorie, de Loynes, D. 91. 1. 173 et D. 93. 2. 401.

(3) Dans tout ce qui suit, le mot garde a pour nous un sens très large et

lui enlève tous les attributs de la puissance paternelle.

Les considérations rationnelles ne manquent pas pour justifier l'existence d'un ensemble de mesures protectrices beaucoup plus énergiques en faveur de cette catégorie d'enfants qu'en faveur des enfants légitimes en général. Sans doute, il arrive souvent que le survivant des père et mère s'efforce de porter vaillamment, à lui seul, les charges dont son conjoint devait l'aider à s'acquitter; que ce parent resté seul essaie, à force de soins et d'affection, de faire oublier à l'enfant la perte cruelle qu'il a subie, Mais, hélas! bien des fois, il n'en est pas ainsi. Il arrive que le survivant des père et mère, désireux de reconstruire le foyer détruit, veuille combler par un nouveau mariage la place que le conjoint prédécédé avait laissée vide; et combien de fois ces nouveaux mariages, au lieu de tourner à l'avantage des enfants, ont détaché d'eux leur père ou leur mère, ont jeté dans leur éducation un principe désorganisateur, ont été dans la famille une cause de méfiance, de tiraillements et de conflits! D'autres fois, le survivant des père et mère, au lieu de se remarier, s'engage dans une liaison irrégulière : son inconduite peut alors avoir pour résultat de l'entraîner à des prodigalités, à des actes de mauvaise gestion dont les mineurs souffriront; et il pourra arriver aussi, lorsque le désordre du père ou de la mère s'affichera sans retenue, qu'il y ait intérêt à soustraire les enfants à de mauvais exemples, dangereux pour leur moralité. Pour toutes ces raisons, il serait très naturel que la loi eût créé en faveur de ces enfants un régime spécial; et, en fait, lorsqu'on demandait aux tribunaux, avant 1889, de faire usage des pouvoirs restrictifs de la puissance paternelle qu'ils se reconnaissaient, c'était le plus souvent pour solliciter, en faveur d'enfants dont un des auteurs était prédécédé, une mesure les soustrayant à la garde du survivant.

Lorsque le tribunal faisait droit à la demande, était-ce bien à la puissance paternelle qu'il portait atteinte ? Ou ne pouvait-on pas justifier les mesures restrictives qui étaient

signifie : « le droit de surveiller la personne d'un mineur et de diriger son éducation ».

alors prises par d'autres principes, étrangers à la matière de la puissance paternelle? Pour répondre à cette question, il est utile d'examiner d'un peu près les décisions antérieures à 1889, afin de les soumettre à une critique attentive.

Si nous consultons les arrêts les plus anciens, ceux du premier tiers du siècle, nous n'y découvrirons que peu de renseignements utiles à la recherche de la solution actuelle. Ces anciens arrêts sont en effet très pénétrés d'une distinction, empruntée à la jurisprudence antérieure au Code civil, soit des pays coutumiers, soit des pays de droit écrit, distinction qui ne serait certainement plus de mise à l'heure actuelle : ces décisions ne traitent pas de même le père survivant et la mère survivante. Il en était déjà ainsi devant nos anciens Parlements : ceux-ci admettaient que le père survivant ne pouvait être privé judiciairement de ses prérogatives que dans des cas très graves analogues à ceux dans lesquels ces mêmes Parlements se reconnaissaient le droit de porter atteinte à la puissance du père pendant son mariage; au contraire, la mère survivante ne gouvernait la personne et les biens de l'enfant que sous le haut contrôle de la justice, qui se réservait de prévenir ou de censurer ses actes dans des cas assez nombreux; si bien qu'il était de maxime courante que la mère survivante n'avait pas de véritable puissance paternelle. En particulier, et c'est le point qui nous intéresse, la garde pouvait être ôtée à la mère beaucoup plus facilement qu'au père (1).

---

(1) Cette différence entre le père et la mère, à la fin de l'ancien régime. se manifestait notamment : au point de vue du droit de correction, que le père veuf exerçait sans contrôle, pourvu qu'il ne fût pas remarié, tandis que la mère veuve ne l'exerçait qu'avec la garantie de l'autorisation de justice (Pothier, édit. Bugnet. t. IX, n⁰ˢ 132 et 133, citant des arrêts du Parlement de Paris de 1673, 1678 et 1696); au point de vue du droit d'opposition à mariage. Il est très rare que les Parlements de la fin du xvii⁰ et du xviii⁰ siècle se soient reconnu le droit de valider le mariage contracté par un mineur de 25 ans sans le consentement de son père (V. les nombreuses références dans Louet et Brodeau, t. VI; on trouvera cependant à la p. 133 un arrêt du Parlement de Paris de 1691 qui a validé un tel mariage dans un cas où le jeune homme avait été moralement abandonné; cf. aussi un

Les premiers arrêts rendus sous l'empire du Code civil se conformèrent à l'esprit de l'ancienne jurisprudence et jugèrent que la mère survivante pouvait être privée de la garde pour toutes les causes qui autorisaient contre elle une destitution ou une déchéance de la tutelle (1) ; au contraire, en ce qui concerne le père survivant, ils décidèrent qu'une demande en destitution de la garde était, non pas précisément irrecevable, mais très peu favorable (2)·

arrêt de 1684 rapporté par Pothier, édit. Bugnet, t. VI, n° 332 ; mais la plupart de ces arrêts ont fait respecter en cette matière l'autorité paternelle avec une extrême rigueur. Dans le même sens, Guyot, v° *Mariage*, p. 345 sq.) ; au contraire, ils avaient fini par poser le principe que la mère survivante ne peut s'opposer au mariage qu'en alléguant un motif, dont l'opportunité est appréciée par le Parlement (arrêt du Parlement de Paris du 30 août 1760. rapporté par Guyot, v° *Mariage*; cf. aussi Pothier, édit. Bugnet, t. VI, n° 332) et ils ont peut-être même montré une certaine tendance à admettre que la justice peut suppléer le consentement de la mère, quand toute communication est impossible entre le pays où elle se trouve et le pays où se trouve la fille (arrêt du même Parlement du 26 mars 1779, *ibid.* : en fait, la demande de la fille a été rejetée, parce que le Parlement s'est considéré comme incompétent, pour apprécier les règles du statut personnel anglais, auquel les parties étaient soumises ; et parce que la mère n'avait pu être régulièrement assignée). — C'est peut-être au point de vue de l'administration des biens que la différence était la moins apparente entre le père survivant et la mère (V. Pothier, édit. Bugnet), t. VI, p. 508 sq.

Pour la garde, Merlin, *Répert.*, v° *Puissance paternelle*, sect. III, § 1, n° 1, nous cite quatre arrêts de divers Parlements (Provence, 1669 et 1779 ; Bretagne, 1559 ; Paris, 1680), qui ont supprimé la garde du père ou l'ont plus ou moins restreinte, toujours pour cause de mauvais traitements. Au contraire, la mère survivante pouvait se voir enlever la direction de l'éducation pour des motifs très variés, et dont quelques-uns nous paraissent même un peu futiles. Il en était ainsi particulièrement dans les pays de droit écrit, où l'on invoquait volontiers contre la mère la règle romaine d'après laquelle elle n'a pas la *patria potestas*. Ainsi, il avait été jugé que le père pouvait par son testament priver la mère du droit de diriger l'éducation (Parlement de Provence, 1665 et 1673), et que l'aïeul paternel devait lui être préféré dans la direction de la personne et de l'enfant par cela seul qu'il offrait de nourrir l'enfant gratuitement. et que la mère ne pouvait faire cette offre (Parlement de Bourgogne, 1675 ; cette solution extrême semble n'avoir pas fait jurisprudence, même en Bourgogne).

(1) Poitiers, 15 févr. 1811, S. 11. 2. 211 ; Ajaccio, 31 août 1826 et Bruxelles, 28 janv. 1824 rapportés au S. 30. 2. 337 (avec une disertation conforme) ; Lyon, 5 avr. 1827, S. 27. 2. 119.

(2) Caen, 31 déc. 1811, S. 12. 2. 280. Le sommaire dont cet arrêt est accompagné dans le recueil lui fait dire qu'il a écarté la demande par une fin de non-recevoir ; mais cette manière d'interpréter l'arrêt est excessive (V. les faits).

Cette jurisprudence ne fit que se développer sans se modifier, après 1830, en ce qui concerne la mère [1]. A l'égard du père, la pratique finit par se fixer, à la veille de la loi de 1889, en ce sens qu'il pouvait également être destitué de la garde pour les causes prévues à l'article 444 [2].

Au moment de la promulgation de la loi de 1889, le système jurisprudentiel relatif à cette question était arrivé à se caractériser par une série de règles très cohérentes et très précises. La garde du survivant des père et mère n'était pas à la merci de l'arbitraire judiciaire; elle ne pouvait être ôtée à son titulaire que pour les causes prévues à l'article 444 du Code civil (incapacité ou inconduite notoire); quelques arrêts avaient semblé dire aussi que la mère déchue de la tutelle pour cause de convol (art. 400) pouvait également, sans qu'il y eût d'autre motif, être privée de la garde [3]; mais cette opinion n'avait pas prévalu. C'était le conseil de famille, et non pas le tribunal [4], qui était compétent pour prononcer sur les demandes en retrait de garde (arg., art. 446), la procédure était celle des demandes en destitution de tutelle; le tribunal n'intervenait qu'en cas de réclamation du survivant des père et mère, du subrogé tuteur ou d'un membre du conseil, et, lorsqu'il intervenait, il pouvait approuver ou annuler la délibération (arg., art. 883,

---

(1) Caen, 19 mai 1854, S. 54. 2. 714; Cass., 3 mars 1856, D. 56. 1. 290; Cass., 25 mars 1864, S. 64. 1. 155, D. 64. 1. 301; Cass., 27 janv. 1879, D. 79. 1. 223, S. 79. 1. 464.

(2) Douai, 27 févr. 1888, *Pand. fr.*, 88. 2. 151. — Cf. déjà Toulouse, 25 nov. 1830, D. *Répert.*, v° *Minorité*, n° 363 en note (arrêt sur lequel nous sommes mal renseignés).

(3) V. en ce sens l'arrêt de la cour de Poitiers du 25 févr. 1811, S. 11. 2. 211 et celui de la cour de Caen du 19 mai 1854, S. 54. 2. 714. Cf. en sens contraire, la dissertation du Sirey, 1830. 2. 337, et les arrêts postérieurs à 1854.

(4) Il a même été jugé que, quand la délibération du conseil de famille prononçant le retrait de la garde était *justifiée au fond*, mais *nulle par suite d'irrégularités de forme,* la cour d'appel devant laquelle ces irrégularités étaient relevées devait ordonner une nouvelle réunion du conseil de famille pour faire statuer à nouveau sur la demande en retrait de garde. Cette solution était correcte, le droit d'évocation de l'art. 473, C. proc., étant exceptionnel. Arrêt précité de la Cour de Bruxelles du 28 janv. 1824.

C. proc.). Ces destitutions de garde étaient presque toujours prononcées comme conséquence d'une destitution de tutelle; au surplus, le conseil de famille avait un pouvoir arbitraire — sauf possibilité d'un recours devant le tribunal — pour apprécier si la garde devait être retirée, ou si, au contraire, la destitution de la tutelle (*stricto sensu*) était une sanction suffisante des faits d'incapacité ou d'inconduite. Il ne semble pas qu'on se soit jamais demandé si le conseil pouvait retirer la garde sans retirer la tutelle : nous pouvons dire, toutefois, qu'il était dans la logique du système d'accorder ce pouvoir au conseil. Enfin, le conseil avait incontestablement le pouvoir de prononcer une mesure moins grave que le retrait de la garde, par exemple, de décider que la mère survivante ne dirigerait l'éducation de son fils que jusqu'au moment où il aurait atteint un certain âge [1].

A la même époque et parallèlement à ces décisions, les Cours rendaient souvent des arrêts pour obliger le père survivant, malgré les dissentiments qui existaient entre lui et la famille de sa défunte femme, à laisser l'enfant faire de temps à autre une visite à ses grands-parents [2] maternels. Ces arrêts ne doivent pas être confondus avec ceux du groupe précédent ; ils reconnaissent compétence non plus au conseil de famille, mais au tribunal lui-même, statuant suivant la procédure ordinaire : ils ne font donc appel, en aucune manière, aux règles de la tutelle.

Qu'est devenue depuis 1889 la jurisprudence que nous venons d'analyser sur la possibilité des retraits de garde prononcés par le conseil de famille? Si on compulse les recueils d'arrêts, on se convainc qu'elle a été à peu près complètement oubliée.

Il est vrai que les espèces sur lesquelles nous trouvons des décisions depuis 1889 sont très profondément différentes

---

(1) Arrêt précité de la Cour de Poitiers du 15 févr. 1811.
(2) V. notamment Cass., 8 juill. 1857, D. 57. 1. 273; 20 juill. 1870, D. 71. 1. 217. On sait que la Cour suprême n'a jamais admis que le père pût être obligé de laisser son enfant faire un *séjour* chez ses grands-parents; en ce qui nous concerne, nous ne voyons pas nettement pourquoi il y aurait là une barrière infranchissable au pouvoir du juge.

de celles sur lesquelles la jurisprudence avait statué précédemment, ce qui rend assez difficile l'appréciation du changement réalisé. En effet, toutes les affaires solutionnées
depuis 1889 se rapportent à une hypothèse très particulière : celle où il s'est produit pendant la vie des parents
de très graves dissentiments entre eux, où soit la séparation de corps, soit le divorce, ont été prononcés [1], et où le
retrait de la garde est demandé contre le survivant des
père et mère par la famille de l'autre.

Cette hypothèse n'était pas tout à fait nouvelle en 1889. Elle
avait donné lieu précédemment au moins à un arrêt important [2] ; mais cet arrêt ne contredisait pas la jurisprudence
alors établie sur les pouvoirs du juge. Dans l'espèce, la mère,
privée par le jugement de séparation de corps de la garde de
son enfant au profit de la grand'mère paternelle, réclamait
l'enfant après la mort de son mari. En cet état, la Cour de
Paris était allée jusqu'à dire que les dispositions du jugement de séparation de corps conservaient leur force malgré
le décès d'un des conjoints ; et que la mère ne pouvait faire
rapporter la décision qui lui avait enlevé la garde qu'en
prouvant que les circonstances de fait, qui avaient motivé
cette décision, avaient disparu. La mère se pourvut en cassation, et la chambre civile, cassant l'arrêt, décida que les
dispositions du jugement de séparation qui réglaient les
prétentions contradictoires des deux époux à la garde devenaient sans objet et tombaient d'elles-mèmes après la mort
d'un des conjoints séparés. Mais il nous semble que la
Cour de cassation, dans cet arrêt, avait surtout pour but
de trancher une question de procédure, et qu'elle n'entendait pas contredire la jurisprudence antérieure : d'après les
arrêts précédents, c'était au conseil de famille qu'il appartenait de prononcer en pareil cas l'exclusion ou la destitution de la tutelle, c'était donc à cette assemblée qu'il aurait

(1) Il est vrai que l'établissement du divorce a précédé de peu la loi de
1889, et que le nombre des séparations de corps a beaucoup augmenté depuis
cette époque. — V. Baudry-Lacantinerie, Chéneaux et Bonnecarère, *Des
personnes*, t. III, p. 13.

(2) Cass., 13 août 1884, D. 85. 1. 40, cassant l'arrêt de la Cour de Paris du
7 juillet 1882, D. 83. 2. 145, S. 83. 2. 219.

fallu s'adresser au lieu de saisir directement le tribunal; et il aurait été possible, croyons-nous, aux parties, après l'arrêt de la chambre civile, de faire réunir par le juge de paix un conseil de famille, et de prouver contre la mère divers faits d'inconduite dont il avait été question au cours du procès, afin d'obtenir du conseil sa destitution.

Mais la Cour de Paris n'a pas interprété ainsi l'arrêt de la Cour de cassation. Et, dans toutes les affaires semblables qui se sont présentées devant elle depuis 1889, et qui ont été assez nombreuses — vu la fréquence des divorces à Paris — cette Cour a toujours déclaré qu'il n'y a aucun moyen de priver de la garde le survivant des deux époux séparés ou divorcés, si ce n'est la destruction absolue de sa puissance paternelle. Sans doute, dans certaines des affaires, le rejet des demandes se justifiait en fait. Mais les motifs de la Cour ont un caractère absolument général. D'autres cours d'appel se sont prononcées dans le même sens [1].

Il est très remarquable que, à la même époque, quand il s'agissait, non pas de retirer la garde au père survivant, mais seulement de l'obliger à laisser l'enfant communiquer avec les ascendants, les mêmes Cours n'aient jamais douté de la persistance de leur pouvoir restrictif, malgré la loi de 1889 [2].

Cependant, durant cette période, les Cours d'appel ne réussissaient pas à imposer sans conteste leur théorie, d'après laquelle le survivant des père et mère ne peut se voir enlever la garde. Cette jurisprudence des Cours rencontra une vive opposition chez les Tribunaux, qui, plus rapprochés des faits, essayèrent à plusieurs reprises d'organiser, dans les cas de ce genre, un moyen de retirer la garde au parent survivant, en cas d'abus. Mais, chose curieuse, ces

---

[1] Paris, 24 juin 1892, D. 93. 2. 81; 15 déc. 1898, D. 99. 2. 57, S. 99. 2. 205; 24 déc. 1902, *Gaz. Pal.*, 1903. 1. 329. — Dans le même sens, Poitiers, 21 juill. 1890, S. 91. 2. 17, et Rennes, 5 déc. 1901, S. 1902. 2. 16.

[2] V. notamment Cass., 28 juill. 1891, D. 92. 1. 70, et 12 févr. 1894, D. 94. 1. 218; dans les deux affaires, la Cour d'appel avait pris contre le père une mesure restrictive qui est approuvée, avec quelques réserves, par la Cour de Cassation. V. cependant l'arrêt dissident de la cour d'Agen, 6 nov. 1889, S. 90. 2. 132.

décisions partent d'une conception très différente de celle qui inspirait les décisions antérieures à 1889, comme on peut s'en rendre compte si on examine la procédure suivant laquelle ces affaires ont été instruites. Avant 1889, c'était le conseil de famille qui était le rouage essentiel. Depuis 1889, il n'est pas toujours consulté, et, quand il l'est, son rôle reste secondaire. C'est le tribunal qui statue en premier ressort. Il ne règne d'ailleurs pas dans les conceptions procédurales des tribunaux une harmonie parfaite. Le tribunal de Rennes [1], dans une affaire où il était saisi par le ministère public d'une demande en déchéance de puissance paternelle contre un père survivant, instruite suivant la procédure de la loi de 1889, a cru pouvoir la clore par un jugement qui prononçait seulement la destitution de la garde et déboutait le ministère public de sa demande en ce qui concerne les autres pouvoirs du père sur la personne et les biens de l'enfant. Le tribunal de la Seine a prononcé des destitutions de garde dans une série d'affaires où il était saisi par des ascendants ou des collatéraux, par une procédure assez analogue, semble-t-il, à celle qui est ouverte pendant le divorce ou la séparation de corps pour faire régler les questions de garde [2].

La Cour de cassation n'a jamais eu l'occasion, à notre connaissance, de vider depuis 1889 ce conflit entre les Tribunaux et les Cours.

Quelle est, de ces diverses théories jurisprudentielles, celle qu'il faut préférer ? Est-ce celle des Cours d'appel depuis

---

(1) 18 sept. 1891, D. 4. 2. 393.

(2) Trib. Seine, 6 juin 1896 (infirmé par l'arrêt de la Cour de Paris du 15 déc. 1898), D. 99. 2. 57; Trib. Seine, 4 déc. 1898, infirmé par l'arrêt du 24 déc. 1902, *Gaz. Pal.*, 1903. 1. 329. — Les arrêts infirmatifs de la Cour de Paris, loin de modifier l'opinion du tribunal, ont eu pour résultat de le pousser, dans la voie où il s'était engagé, à des décisions de plus en plus aventureuses : car il décide maintenant qu'en cas de simple séparation de fait, sans qu'il y ait de demande en séparation de corps, le père peut être privé de la garde au profit de la mère, soit en cas d'urgence par la voie du référé (Trib. Seine, référé, 24 déc. 1910, D. 1911. 5. 19), soit même, en dehors de cette hypothèse, par la procédure ordinaire (5 avr. 1911, *Gaz. Pal.*, du 31 oct.). — Nous ne reviendrons pas sur ce dernier jugement : il nous paraît difficile de l'approuver, car il semble reconnaître une existence légale à la séparation de fait.

1889? Est-ce celle des tribunaux? Ou enfin la meilleure ne serait-elle pas encore celle qui était établie avant 1889?

Si, pour éclaircir ce difficile problème, on se reporte à la doctrine, on trouve chez les auteurs, sur la question qui nous occupe, une théorie très arrêtée, et que l'on peut résumer ainsi : la protection de l'enfant légitime qui a perdu l'un de ses auteurs est assurée par le fonctionnement d'un régime hybride, ou à double face. Considère-t-on surtout les biens du mineur, on voit que le législateur a pris une série de mesures semblables à celles qu'il prend dans l'intérêt de l'enfant qui a perdu ses deux auteurs. Mais, au contraire, considère-t-on surtout sa personne, on remarque la persistance du système qui fonctionnait pendant le mariage des parents : aussi le survivant des père et mère exerce-t-il le droit de garde au même titre, et avec les mêmes modalités, que le père pendant le mariage [1].

De cette opinion bien établie découlent une série de conséquences sur lesquelles on s'accorde généralement, et qui sont d'ailleurs pour la plupart satisfaisantes en pratique :

a) Le survivant des père et mère ne peut pas renoncer à son droit de garde et se décharger ainsi des obligations qu'il comporte. Ainsi la mère qui use du droit de refuser la tutelle (art. 394), le père qui se fait excuser de la tutelle par application des articles 427 et suiv., conservent la garde, nonobstant toute déclaration de volonté contraire de leur part : c'est toujours à la mère dans le premier cas, au père dans le second, qu'il appartient de diriger l'éducation [2].

b) Le survivant des père et mère règle souverainement, en premier et dernier ressort, les questions relatives à l'éducation de son enfant mineur. Le conseil de famille est incompétent pour décider dans quel établissement d'instruction l'enfant sera élevé, et à quelle profession il sera destiné. Et le tribunal, qui fonctionne en matière de tutelle

(1) Aubry et Rau, t. IV, §§ 550 et 551 ; Demolombe, t. VI, nᵒˢ 304 et 360 sq.; Laurent, t. IV, nᵒˢ 263 et 265 ; Planiol, 3ᵉ édit., t. nᵒ 1752.

(2) Aubry et Rau, t. IV, § 551, texte et note 14; Laurent, t. IV, nᵒ 295.

comme une sorte de juridiction supérieure au conseil de famille, n'est pas moins incompétent que lui : en effet, le tribunal ne connaît des questions de tutelle que quand elles ont été soumises au conseil de famille, et quand un recours est formé contre la délibération du conseil.

c) Le prémourant des père et mère, lorsqu'il prévoit que son enfant recevra peut-être une mauvaise direction, ne peut pas, par ses dispositions testamentaires, poser des principes relatifs à l'éducation, auxquels le survivant soit obligé de se conformer [1].

Sans doute, le père prémourant a la faculté de nommer à la mère un conseil de tutelle, et, quand il use de cette faculté, la mère ne peut faire, sans autorisation de ce conseil, les actes pour lesquels le père lui aura expressément ou tacitement [2] imposé l'obligation de consulter ce mandataire qu'*il laisse* après sa mort. Mais, comme le texte l'indique, le père ne peut ainsi restreindre la liberté de la femme survivante que pour *les actes relatifs à la tutelle* (art. 391), et non pas, par conséquent, pour les actes relatifs à l'éducation. Il en résulte que, malgré toute clause contraire de l'acte qui a nommé le conseil de tutelle, la mère reste maîtresse absolue de l'éducation de son enfant après la mort de son mari [3].

A fortiori, la mère prémourante ne peut par aucun moyen, dans l'opinion dominante, limiter à ce point de vue la liberté d'action de son mari survivant.

---

(1) C'est l'opinion à peu près unanime. Toutefois, Demolombe, t. VI, n° 382, qui a eu sur toute cette matière des opinions très particulières, décidait que le père prémourant pouvait émettre, sur le mode d'éducation de l'enfant, des avis qui étaient obligatoires pour la mère si le tribunal les jugeait conformes à l'intérêt de l'enfant : d'après cet auteur, c'était en pareil cas le tribunal et non le conseil de famille qui avait qualité pour donner des ordres au survivant à l'effet de faire respecter les volontés du prémourant. L'opinion dominante est contraire : Aubry et Rau, t. I, § 99, texte et note 9.

(2) On sait que, quand le père ne spécifie pas les actes pour lesquels l'intervention du conseil de tutelle est requise, il est censé avoir restreint tacitement la liberté de sa femme *pour tous les actes relatifs à la tutelle*. V. l'art. 391.

(3) Aubry et Rau, 4ᵉ éd., t. I, § 99, note 9; Planiol, 3ᵉ éd., t. I, n° 1804-2°; Demolombe, t. VI, n° 381.

d) Lorsqu'une tierce personne, ascendant, collatéral, ami de la famille, fait à l'enfant une libéralité, elle ne peut y insérer une clause restreignant les pouvoirs du parent survivant en l'obligeant à faire tel ou tel usage de ces pouvoirs. Sans doute, une clause, insérée dans une libéralité faite à un mineur complètement orphelin et restreignant les pouvoirs du tuteur, serait valable ; et, sans doute aussi, la loi prend soin de nous dire que, quand le mariage des parents d'un mineur dure encore, les tiers peuvent, par des clauses de ce genre, soustraire les biens dont ils disposent en sa faveur, soit à la jouissance légale du père (art. 387), soit même à son administration légale (nouvel art. 389, § 1, modifié par la loi du 8 avr. 1910) [1]. Mais, pendant le mariage des parents, le donateur ne pourrait certainement pas, par une clause de ce genre, limiter les droits qui appartiennent au père sur la personne de son enfant [2]. Cela suffit pour qu'après le prédécès d'un des parents on ne puisse limiter ainsi les droits du survivant sur la personne de l'enfant. Toute clause de ce genre serait donc, dans l'opinion dominante, réputée non écrite (art. 900), à moins qu'elle ne fût la cause impulsive et déterminante de la libéralité, auquel cas cette dernière serait entièrement nulle (art. 1131).

[1] Il se passe là quelque chose d'assez analogue à la solution en vertu de laquelle, quoique les conventions matrimoniales soient immuables et quoique le régime juridique de chaque espèce de bien soit fixé indépendamment de tout changement de volonté des époux, cependant les tiers peuvent, accessoirement à un acte de disposition en faveur d'un époux, décider que le bien donné ne sera pas soumis au régime juridique qu'il aurait dû avoir d'après le contrat de mariage, sera, par exemple, propre au lieu d'être commun (Arg. art. 1401-1°). De même, quoique la liberté de disposer soit en principe un attribut essentiel de la propriété, auquel le propriétaire ne peut renoncer, cependant les tiers peuvent, en disposant d'un bien, le rendre momentanément inaliénable entre les mains du légataire ou du donataire (V. sur ce point Chéron, *Revue*, 1906, p. 339 et Wagner, *ibid.*, 1907, p. 311). En d'autres termes, il existe en droit français un assez grand nombre de principes qui s'imposent à un groupe de personnes et auxquels ces personnes ne peuvent se soustraire par elles-mêmes, mais auxquels elles peuvent déroger cependant, lorsqu'elles entrent en relations juridiques avec un tiers, et en ce qui concerne les valeurs mises dans leur patrimoine par ce tiers. Ce sont des principes intermédiaires par leur nature entre les principes d'ordre public et les principes purement interprétatifs de volonté.

[2] Demolombe, t. VI, n°ˢ 294 sq.

Cette théorie bien établie, dont nous venons ainsi de passer en revue les conséquences les plus saillantes, conduit, dans la question des pouvoirs du tribunal pour limiter le droit de garde du survivant des père et mère, à une solution très nette. Les partisans de l'opinion dominante ne peuvent admettre ce pouvoir restrictif qu'à condition de reconnaître, d'une manière générale, aux tribunaux le pouvoir de prononcer, malgré la loi de 1889, des déchéances partielles de la puissance paternelle. Comme beaucoup d'auteurs estiment aujourd'hui que la loi de 1889 a supprimé ces déchéances partielles, ils sont fatalement amenés à soustraire la garde du survivant à tout contrôle judiciaire (1).

Si maintenant on veut savoir sur quoi repose cette opinion si bien établie relativement à la garde du survivant, on voit qu'elle ne peut invoquer que deux arguments assez faibles. Elle néglige même généralement de les invoquer, tant la thèse qu'elle soutient paraît évidente aux auteurs qui en sont partisans. L'article 374 (2), peut-on dire en faveur de l'opinion dominante, défend au fils de quitter la maison paternelle sans l'autorisation de son père avant l'âge de vingt et un ans, sauf pour cause d'enrôlement

---

(1) On sait que les grands commentateurs du milieu du xix⁰ siècle admettaient que, en présence du silence des textes du Code civil sur ce point, les tribunaux faisaient un usage légitime de leur autorité en privant le père des attributs de puissance paternelle dont il avait abusé. *Sic*, Aubry et Rau, 4ᵉ éd., t. VI. § 551 ; Demolombe, t. VI, nᵒˢ 360 sq. C'est bien à tort qu'on a prêté à Demolombe l'opinion contraire : l'éminent doyen de la Faculté de Caen avait seulement critiqué une théorie de Vazeilles (*Du mariage*, t. II, nᵒ 431), d'après laquelle le pouvoir du tribunal allait jusqu'à prononcer, sous l'empire du Code civil, une déchéance absolue et entière. Demolombe admettait les déchéances partielles. Ces auteurs considéraient donc comme légitime l'intervention des tribunaux en matière de garde du survivant. Aujourd'hui, les auteurs admettent ou rejettent le pouvoir du tribunal de retirer au survivant la garde, suivant qu'ils considèrent ou non la puissance paternelle comme soumise dans son ensemble au contrôle des tribunaux. Ainsi, M. de Loynes n'admet pas ce pouvoir (note précitée), tandis qu'il est reconnu par MM. Bourcart et Planiol (*loc. cit.*).

(2) On pourrait fortifier cet argument en comparant l'article 374 avec l'article 372. Mais ce dernier texte est conçu en termes très vagues, et on ne peut guère en tirer de solution précise. — A-t-il plus de portée juridique que l'article 371 qui le précède?

volontaire; or, ce texte ne fait aucune distinction entre le cas où le mariage des parents dure encore, et celui où la mère est décédée; donc, peut-on dire, dans les deux cas, le tribunal est incompétent pour retirer la garde au père; car, si le tribunal avait un tel pouvoir, il y aurait au moins un cas où le fils pourrait quitter la maison du père malgré celui-ci. — On peut encore faire appel en faveur de l'opinion dominante à l'article 390 : ce texte dispose qu'à la dissolution du mariage par la mort d'un des parents, l'administration légale fait place à la tutelle; il nous indique par là que, à tous autres points de vue, le régime organisé pour la protection du mineur ne change pas : donc celui-ci reste soumis au même droit de garde que pendant le mariage de ses parents.

Si on examine de près ces arguments, il est facile de voir qu'ils sont loin d'être sans réplique.

Il est visible, en effet, qu'on ne peut, sans forcer le sens de l'article 374, lui donner l'importance que lui attribue l'opinion dominante. C'est au fils rebelle qui quitte la maison paternelle de sa propre autorité, et non pas du tout au fils qui agit ainsi avec la permission du tribunal, que ce texte s'applique. Il résulte d'ailleurs des travaux préparatoires que, quand les rédacteurs du Code l'ont inséré dans nos lois, ils ont eu pour but uniquement de donner au fils, dans l'intérêt de la défense nationale, un moyen d'entrer à l'armée malgré la résistance de son père : ils n'ont pas entendu supprimer les autres recours qui peuvent appartenir au fils, en vertu d'autres principes, contre l'autorité de son père. On sait d'ailleurs que l'article 374 comporte certainement déjà d'autres exceptions : ainsi nul ne doute qu'en cas de séparation de corps entre les parents, le fils ne puisse quitter la maison de son père sans la permission de celui-ci, quand le jugement a confié la garde à la mère : et cependant cette faculté reconnue au tribunal de confier la garde à la mère ne résulte que par une analogie assez lointaine de l'article 302; pourquoi ne pourrait-on pas également faire échec à l'article 374 en cas de prédécès d'un des parents, en s'autorisant par analogie de certains textes du chapitre de la tutelle?

Quant à dire, pour défendre l'opinion dominante, que l'article 390 limite aux *intérêts pécuniaires* du mineur les modifications apportées par le prédécès d'un des parents, c'est évidemment donner à ce texte un sens qu'il n'a pas. L'article 390 nous apprend qu'après la mort de l'un des auteurs de l'enfant légitime il s'ouvre une tutelle ; or la tutelle est non seulement un régime de gestion des biens, mais un régime de protection de la personne (arg., art. 450) ; pourquoi donc la mort de l'un des auteurs de l'enfant légitime ne soumettrait-elle pas le gouvernement de la personne du mineur au contrôle de certaines autorités qui jusque-là n'avaient pas à intervenir ?

Si on veut y regarder de plus près, on verra que les raisons ne manquent pas pour révoquer en doute l'opinion dominante, qui attribue à la garde de l'enfant la même nature juridique après la mort d'un de ses auteurs que pendant le mariage de ceux-ci.

Il est certain, en effet, que cette opinion dominante part d'un point de vue trop exclusif, lorsqu'elle pose en principe que, après le décès des père et mère, la loi veut soumettre la personne du mineur au même régime juridique que pendant le mariage de ses auteurs, et ses biens au même régime que s'il était complètement orphelin. Aucune de ces deux propositions n'est bien exacte. Il est certain, en effet, que, après le prédécès d'un des auteurs de l'enfant, la jouissance légale persiste comme pendant leur mariage (arg., art. 384), ce qui prouve que, même en ce qui concerne les biens, il peut subsister après le prédécès d'un des parents certains vestiges de la puissance paternelle. Et, d'autre part, après la disparition du premier mourant des père et mère, tout le monde est bien obligé de reconnaître que le droit de correction subit, soit quand c'est le père qui est prédécédé (art. 381), soit quand c'est la mère (art. 380), de très profondes modifications ; la mère survivante n'a pas beaucoup plus de liberté d'action, pour demander l'arrestation du mineur, que n'en aurait un autre tuteur (cf. art. 468). Or, si le prédécès d'un des parents modifie aussi profondément les caractères du droit de correction, pourquoi ne modifierait-il pas ceux de la garde? Mais, en serrant de près les textes, nous allons mieux faire apparaître les graves objections auxquelles se heurte l'opinion dominante.

Un tuteur ordinaire peut être destitué par un conseil de famille pour incapacité ou inconduite notoire (art. 444). Ce texte s'applique-t-il au survivant des père et mère? Après quelques hésitations, tout le monde l'a admis et on y était bien un peu forcé, car la faculté de prononcer la destitution pour incapacité ou inconduite est le corollaire de toute l'organisation de la tutelle, elle est la sanction dernière des attributions reconnues au conseil de famille, le moyen de vaincre, en ce qui concerne la gestion des biens, la résistance d'un tuteur sourd aux justes observations des parents. Mais, quand il s'agit d'un tuteur autre que les père et mère, la destitution pour incapacité ou inconduite lui fait perdre non seulement ses pouvoirs sur les biens, mais les pouvoirs sur la personne qu'il tient de l'article 450. Va-t-on décider de même pour le père ou la mère tuteurs légaux? L'opinion dominante adopte la négative : la garde, dit-elle, échappe au contrôle du conseil de famille. On est amené ainsi, en cas d'inconduite de la mère, à la priver de l'administration des biens du pupille qui ne court peut-être aucun danger, et à déclarer qu'il n'y a pas de moyen pratique d'écarter l'enfant de la maison de sa mère où il est peut-être le témoin de la conduite irrégulière ou désordonnée de celle-ci; et cependant, s'il y a une mesure qui s'impose en cas d'inconduite, c'est bien au premier chef le retrait de la garde, et non pas le retrait de la gestion des biens [1].

Mais cette solution, très mauvaise, que l'on adopte, est-elle du moins conforme aux textes? C'est très douteux. Les partisans de l'opinion dominante sont obligés de distinguer deux espèces de destitution, l'une ne produisant effet qu'en

[1] La pratique s'était fixée de très bonne heure en ce sens et en 1847 la rédaction du Sirey constatait que c'était un point qui, en pratique, n'était plus discuté (S. 47. 2. 134, et cf. les références). Les auteurs ont généralement approuvé cette jurisprudence, Demolombe, t. VII, n° 495; Laurent, t. IV, n° 521. Mais alors, quand ils n'admettent pas que la destitution de la tutelle puisse être suivie du retrait de la garde, ils arrivent à des conséquences dont la bizarrerie est reconnue par Laurent lui-même, *ibid.*

ce qui concerne les biens du pupille (ce sera celle qu'on prononcera contre le survivant des père et mère), et l'autre privant le tuteur de tous pouvoirs, même en ce qui concerne la personne (ce sera la destitution ordinaire). Or, cette distinction est très arbitraire ; et, en outre, elle semble très contraire à un principe général, qui n'est écrit nulle part dans le titre de la Tutelle, mais qui inspire un grand nombre de dispositions particulières : le principe que les règles de la tutelle ordinaire s'appliquent à la tutelle des père et mère, lorsqu'il n'en est pas autrement disposé : il faut bien qu'il en soit ainsi, puisque la loi prend soin de nous indiquer expressément toutes les règles spéciales à la tutelle des père et mère qu'elle veut consacrer (V. art. 391; 394 et suiv.; 397; 435 *in fine;* 436, § 1; 453 et 454 ; 470, C. civ.; 42, § 6, C. pén.) [1]. La volonté de créer, pour la tutelle des père et mère, un régime spécial, se révèle [2] par des expressions comme celle-ci : «... Toute tutelle autre que celle des père et mère... », et, dans le silence du législateur, la situation est la même pour les père et mère que pour tout autre tuteur. N'est-il pas, dès lors, contraire à l'esprit général de notre loi de décider que l'article 444 ne reçoit pas à l'égard du père et de la mère une application intégrale?

Il serait beaucoup mieux d'accord avec le sens naturel des textes, avec leur interprétation telle qu'elle résulte de la terminologie habituelle du législateur, de décider que l'article 444 est applicable avec toutes ses conséquences au père et à la mère tuteurs légaux : que, par conséquent, en cas d'incapacité ou d'inconduite, le père ou la mère perdent en principe, non seulement la tutelle, mais la garde.

Cette solution serait également beaucoup plus conforme

---

(1) Nous ne connaissons qu'un seul texte qui ait cru utile d'étendre expressément au père ou à la mère tuteurs une règle de la tutelle : c'est l'article 457.

(2) La terminologie légale est particulièrement digne de remarque en ce qui concerne les *excuses.* On pourrait croire que les textes établissant des excuses de tutelle laissent en dehors de leur prévision la tutelle du père : ce serait une erreur : pour que le père soit non recevable à invoquer une excuse établie en faveur des autres tuteurs, il faut que le texte le dise, Arg. : art. 435 et 436. C'est ce que les commentaires reconnaissent depuis longtemps, Demolombe, t. VII, n°° 404 et 424; Laurent, t. IV, n° 695.

aux idées exprimées par les rédacteurs du Code civil dans
les travaux préparatoires. En effet, ceux-ci étaient bien loin
de reconnaître à la garde du survivant des père et mère,
après la dissolution du mariage, les caractères d'un attribut
de la puissance paternelle ; car il est fort douteux qu'ils
aient reconnu ce caractère à la garde, même pendant le
mariage des parents.

Dans les travaux préparatoires du Code civil, on rencontre,
en effet, certaines déclarations qui sont incompréhensibles
si on les interprète avec la terminologie actuellement en
usage.

Ainsi (1), examinant le projet primitif du titre de la puis-
ance paternelle, qui parlait à peu près exclusivement du
roit de correction, le premier Consul s'étonnait qu'on n'eût
as prévu un grand nombre d'autres questions, par exemple
elle de savoir si l'enfant peut quitter la maison de ses père
t mère, ce que le père peut faire quand il s'enfuit, dans
uelles conditions le fils peut choisir et apprendre un
'tat, etc. Le conseiller d'Etat Boulay répondit que « les articles
elatifs au mariage du fils de famille et à la faculté de dis-
oser, c'est-à-dire au droit d'exhérédation (que beaucoup
e rédacteurs du Code civil voulaient maintenir), ayant
eur place dans d'autres projets, il ne restait à parler dans
elui-ci que *du droit de correction*, et *de l'usufruit sur
es biens* ». Donc, pour les rédacteurs du Code civil, la
uissance paternelle ne comprenait que le droit d'opposi-
ion à mariage, le droit d'exhérédation (depuis supprimé),
e droit de correction et la jouissance légale. Ni la garde, ni
'administration légale n'en étaient les attributs (2).

Qu'y avait-il de commun entre ces divers droits, qui, pour
es auteurs du Code civil, étaient les attributs de la puissance
aternelle ? Simplement ceci : c'est que ce sont des droits
ui n'appartiennent qu'au père (et à la mère) — ou qui tout

______

(1) Fenet, t. IX, p. 479.

(2) Sans doute, il résulte du même passage que, *pour le premier Consul*,
es diverses prérogatives du droit de garde rentraient bien dans la puissance
aternelle. Mais ce n'est pas dans la question du premier Consul qu'il faut
hercher le sens technique des termes employés par les travaux préparatoires.

au moins ont entre les mains du père (et de la mère) une physionomie tout à fait spéciale. C'est l'évidence même pour la jouissance légale, qui s'éteint quand l'enfant est orphelin de père et de mère. C'est également vrai du droit de consentir au mariage et de refuser son consentement : car, quand l'enfant n'a plus d'ascendants, ce droit est exercé par la majorité d'une assemblée de parents et avec possibilité d'un recours devant le tribunal ; et même entre les mains des ascendants autres que les père et mère, l'exercice de ce droit présente un certain caractère collectif, il existe des règles permettant à l'enfant de passer outre en cas de partage, qui distinguent nettement ce cas de celui où le droit est exercé par le père. — Enfin, quant au droit de correction, il ne survit pas à la disparition des père et mère ; car le tuteur n'a que le pouvoir de *porter ses plaintes* au conseil de famille (art. 468), et c'est ce conseil qui statue avec possibilité d'un recours devant le tribunal, tandis que le père agit d'autorité, ou, tout au moins, quand il n'est pas souverain appréciateur des faits, ne subit que le contrôle du Président.

La garde ne rentre pas dans la série des droits qui ont entre les mains du père (et de la mère) une physionomie tout à fait spéciale. Aussi ne la considérait-on pas, alors, comme un attribut de la puissance paternelle ; il a été dit au cours des travaux préparatoires que le père, pendant son mariage, était « administrateur de la personne et des biens de l'enfant ». La garde dérivait de là ; elle dérivait, à la rigueur, de l'autorité paternelle, *lato sensu*, que l'article 372 reconnaît aux père et mère pendant la minorité ; elle ne dérivait pas de la puissance paternelle [1].

D'autres passages des travaux préparatoires peuvent être invoqués dans le même sens. Ainsi, Cambacérès se demandait [2] s'il fallait reconnaître la puissance paternelle à la mère, « s'il fallait reconnaître une puissance maternelle » disait-

---

(1) D'ailleurs, à la fin de l'ancien régime (Guyot, *Répert.*, v° *Puissance paternelle*), les auteurs ne mentionnent pas non plus le droit de garde parmi les droits qui dérivent de cette puissance.

(2) Fenet, *ibid.*; Cf. Fenet, t. IX, p. 551.

il ; et il assurait que la question était *neuve*, et méritait un *sérieux examen*. Il n'est pas à penser cependant que le savant jurisconsulte ait révoqué en doute l'opportunité de la solution traditionnelle et évidente au point de vue du bon sens, qui attribue la garde à la mère survivante (Autrement, un dissentiment sur un point aussi essentiel aurait provoqué une vive discussion, soit pendant cette séance, soit pendant une des suivantes). Ce que Cambacérès voulait simplement dire, c'est qu'il n'était pas sûr qu'on dût reconnaître à la mère le droit de correction et la jouissance légale.

Ainsi encore, il résulte de certaines autres déclarations faites au cours des travaux préparatoires [1], et il résulte d'un article du projet primitif [2], que, dans l'idée première des rédacteurs du Code civil, c'était toujours à titre de tuteur que le père gouvernait la personne et les biens de l'enfant (même pendant le mariage). On fit observer qu'il y avait là une solution critiquable, et qu'il fallait au père, pendant le mariage, une initiative supérieure à celle d'un tuteur : le texte fut modifié en ce sens ; mais, la modification n'ayant eu pour but que de donner une plus grande liberté au père pendant le mariage, il faut évidemment décider que, après la mort de sa femme, c'est *à titre de tuteur* que le père administre les biens de l'enfant et surveille sa personne.

La conclusion va de soi. La garde n'est jamais un attribut

_____

(1) Fenet, t. IX, p. 545 (séance du 26 frim. an X).

(2) Cet article était rédigé ainsi : « Jusqu'à l'âge de 18 ans accomplis, le mineur, considéré comme *absolument incapable de se conduire lui-même et de régir ses biens*, est placé sous la direction d'un tuteur ». Tronchet critiqua le texte par les remarques suivantes, qui sont claires malgré leur forme bizarre. « Il y a quelque différence entre l'état du père, suivant que la mère est morte ou vivante. Dans le premier cas, l'autorité du père s'étend sur toute la famille ; dans le second, la tutelle peut lui être refusée. Le père père et le père tuteur ne sont pas la même chose ». C'est pour lui donner satisfaction qu'on supprima ce texte et qu'on inséra l'article 389. Mais la critique tendait uniquement à faire donner au père, pendant son mariage, une qualité différente de celle de tuteur : donc il est resté vrai que, après la mort d'un de ses parents, l'enfant, *incapable de se conduire lui-même et de régir ses biens*, est soumis à l'autorité d'un auteur (le survivant de ses père et mère), au point de vue du gouvernement de sa personne comme au point de vue du gouvernement de ses biens.

de la puissance paternelle, même pendant le mariage. Pendant le mariage, le père l'exerce en vertu de sa qualité d'administrateur de la personne du mineur; après la dissolution du mariage par prédécès d'un des époux, elle appartient au survivant de parents en vertu de sa qualité de tuteur. Il est donc tout simple que la destitution de la tutelle, prononcée par le conseil de famille pour cause d'incapacité ou d'inconduite (1), ou, contre la mère, pour cause de convol, entraîne en principe la perte de la garde pour le parent destitué ou déchu. Le conseil peut d'ailleurs limiter la destitution à la tutelle : en agissant ainsi, il ne fait qu'user de son pouvoir de séparer le soin de la personne du pupille de l'administration de ses biens : il y a, en pareille hypothèse, deux tuteurs, un pour la personne (le survivant destitué en ce qui concerne les biens), un pour les biens (le nouveau tuteur.

C'est donc la jurisprudence antérieure à 1889 que nous approuvons et dont nous désirerions le retour (2).

Ses solutions sont bien conformes à l'esprit général de la loi ; en cas de divorce ou de séparation de corps, le tribunal acquiert un pouvoir arbitraire pour retirer la garde aux parents et attribuer la garde à qui il lui plaît; il est naturel que, dans l'hypothèse de prédécès d'un des parents, hypothèse où, la famille, sans être aussi profondément désorganisée, subit cependant un trouble sérieux, il y ait une autorité qui puisse, au moins pour cause grave, enlever la garde

(1) On admet généralement la possibilité de nommer à un pupille deux tuteurs, l'un à la personne et l'autre aux biens : Cass., 14 déc. 1863, D. 64. 1. 63 ; Laurent, t. IV, n° 293 ; Planiol, t. I, n° 1821. — *Contrà*, Demolombe, t. VII, n° 222.

(2) Cette jurisprudence antérieure à 1889 avait déjà été signalée et approuvée par des auteurs considérables, par exemple par Demolombe, t. VI, n° 367, qui reconnaissait (sous l'empire du Code civil) au conseil de famille le droit de destituer de la garde le parent survivant pour incapacité ou inconduite. Mais le célèbre professeur n'indiquait pas avec une netteté parfaite le champ respectif qu'il assignait à ce contrôle du conseil de famille sur la garde, en cas de prédécès d'un des parents, et au contrôle général des tribunaux sur la puissance paternelle (dont il admettait également l'existence); il ne disait pas non plus si, pour lui, ces deux institutions se justifiaient par des principes différents, ou si elles n'étaient que les deux aspects d'un même principe.

au parent survivant et la confier à un tiers. Il n'est pas anormal que cette autorité soit le conseil de famille, puisque ce conseil est déjà compétent pour d'autres questions intéressant le mineur (1).

Il nous reste à résoudre quelques difficultés qui se présentent à l'esprit, et qui pourraient dissuader, au premier abord, d'adopter notre opinion.

Nous avons vu que la théorie qui reconnaissait à la garde du survivant des père et mère le caractère d'un attribut de la puissance paternelle conduisait à une série de conséquences généralement approuvées et assez satisfai-santes en pratique. Nous faudra-t-il les rejeter? Il y aurait là un résultat de nature à discréditer gravement notre théorie.

Mais, en y regardant de près, on peut se convaincre que certaines de ces solutions doivent être adoptées. quelle que soit l'opinion que l'on professe sur la nature du droit de garde du survivant des père et mère. En effet :

a) Malgré notre dissentiment avec la majorité des auteurs; nous maintenons très énergiquement que la mère qui refuse la tutelle par application de l'article 394, que le père qui se fait excuser par application des articles 427 et suiv., conservent la garde, nonobstant toute déclaration de volonté contraire de leur part.

(1) Nous approuvons donc au point de vue du fond la plupart des jugements de tribunaux postérieurs à 1889 et rapportés, *suprà*, p. 16, qui ont prononcé contre le survivant des père et mère le retrait de la garde; mais nous conseillons de procéder à l'avenir autrement et de saisir d'abord des demandes le conseil de famille; la procédure qui a été suivie n'est pas correcte, dans notre opinion, même si l'on admet d'une façon générale le pouvoir pour les tribunaux de prononcer des déchéances partielles de la puissance paternelle, parce que pour nous la garde du parent survivant n'est pas un attribut de la puissance paternelle. A plus forte raison critiquerons-nous au point de vue de la procédure le jugement du tribunal de Rennes, 18 septembre 1891 (D. 94. 2. 393); la procédure de la loi de 1889 ayant des caractères tout à fait spéciaux et n'étant applicable qu'à la demande en déchéance globale, le tribunal excède, à notre avis, ses pou voirs en terminant une pareille procédure par un jugement qui prononce, en réalité, une destitution partielle de la tutelle; et cela, surtout, quand la demande en déchéance globale a été engagée par le ministère public, qui n'a pas le droit d'agir en destitution de tutelle.

Sans doute, il est très vrai que, en principe, tout texte relatif à la tutelle s'applique aux père et mère, tuteurs légaux. Mais l'application des articles 394 et 427 et suiv. aux père et mère est empêchée parce que ces textes entrent en conflit avec un autre article du Code civil qu'il ne faut pas perdre de vue, avec l'article 203, qui fixe le principe que « les parents contractent, par le fait du mariage, l'obligation de nourrir, entretenir et *élever* leurs enfants ». Il est impossible de comprendre comment un des parents pourrait se délier par un acte unilatéral d'une obligation qui résulte d'un accord de volontés entre lui et son conjoint : or, grevé malgré toute déclaration de volonté contraire de l'obligation d'*élever* les enfants, le père ou la mère survivants ne peuvent renoncer aux moyens qui leur sont nécessaires pour atteindre ce but, et notamment au droit de garde.

Si nous avons admis que, tout au contraire, la destitution de la tutelle prononcée contre les père et mère les privait de la garde, c'est que, là, il s'agissait, non pas d'une mesure dépendant de la volonté unilatérale du père ou de la mère, mais d'une mesure prise par la famille, comme sanction d'une faute : ce qui est bien différent.

b) De même, nous suivons l'opinion dominante, lorsqu'elle déclare le conseil de famille et le tribunal incompétents pour prendre, au sujet de l'éducation d'un enfant orphelin de père ou de mère, des décisions capables de lier le survivant des père et mère.

La raison de le décider ainsi se trouve, à notre avis, dans l'article 454. Ce texte dispose que quand la tutelle appartient au père ou à la mère, le conseil n'est pas compétent pour fixer la dépense annuelle du mineur. Cette solution s'explique dans une certaine mesure par les principes de la jouissance légale : tant que l'enfant n'a pas dix-huit ans, le survivant des père et mère ne doit compte à personne de l'emploi des revenus de l'enfant : il est donc bien évident que, pendant cette période, il fixe seul la dépense annuelle. Mais néanmoins, l'article 454 ajoute quelque chose aux privilèges qui résultent nécessairement pour les père et mère de la jouissance légale; car, dans la période qui va de la

18ᵉ à la 21ᵉ année de l'enfant, le père survivant s'expose vis-à-vis de son enfant à une action en responsabilité pour mauvaise gestion des revenus; pourquoi donc le déclare-t-on néanmoins indépendant du conseil de famille pour la fixation de la dépense? cela n'implique-t-il pas qu'on a voulu le soustraire à tout contrôle pour la direction de l'éducation (1)?

La solution que nous adoptons ici, en conformité avec l'opinion dominante, est d'ailleurs de tous points excellente en pratique : l'ingérence d'un groupe de parents souvent éloignés dans l'éducation d'un enfant qui a encore son père ou sa mère serait, si elle s'exerçait ainsi sans cause déterminée, absolument intolérable et du plus mauvais effet.

c) Mais nous nous écartons de l'opinion dominante sur l'effet des donations ou legs faits en faveur du mineur par des tiers, qui contiennent des clauses retirant au survivant des père et mère le droit de garde, la direction de l'éducation, ou tout moins l'obligeant à faire tel ou tel usage de ses pouvoirs. Nous pensons que, la garde du survivant n'étant pas un attribut de la puissance paternelle, ces clauses devraient en principe être considérées comme valables et obligatoires (2). Il y a là pour la famille, en cas d'abus commis

---

(1) Il est moins facile de voir pourquoi le même texte dispense le père et la mère, en pareil cas, de faire fixer la dépense d'administration des biens. C'est un nouveau privilège, indépendant des autres, que la loi leur accorde.

(2) Il nous semble *a priori* que ces clauses pourraient rendre des services dans les situations que nous étudions, et cependant les arrêts intervenus dans les deux seuls procès relatifs à ces questions que nous connaissions n'ont pas admis leur validité : Grenoble, 11 août 1852 (S. 55. 2. 583) et Req., 5 mai 1853 (S. 55. 1. 283); — Orléans, 5 févr. 1870 (S. 70. 2. 257). Sans doute, les circonstances de fait n'étaient pas très favorables à la validité de ces clauses. A vrai dire même, dans la première affaire, on ne se trouvait pas tout à fait dans l'hypothèse indiquée au texte : le grand-père paternel avait promis de ne pas demander contre la mère la déchéance pour cause de convol, à condition qu'elle promettrait de prendre d'accord avec lui les résolutions relatives à l'éducation du petit-fils; il a été jugé que la mère n'était pas tenue d'exécuter cette promesse; la mère n'avait pas traité en qualité de tutrice, n'avait pas représenté son fils à l'acte, puisqu'elle avait promis dans son intérêt personnel, pour conserver la tutelle; et le grand-père n'avait fait à son petit-fils aucune libéralité légitimant son ingérence dans l'éducation du mineur. Dans la deuxième affaire, les grands-parents, qui avaient cherché à imposer des

par le survivant, un moyen utile de restreindre les pouvoirs de ce dernier et d'imprimer à l'éducation du mineur une direction nouvelle sans recourir à une demande en destitution toujours blessante ou scandaleuse; nous proposons donc, sur cette question particulière, d'abandonner la théorie généralement reçue.

Il faut d'ailleurs reconnaître que, si ces clauses étaient jugées contraires aux intérêts du mineur, le tribunal pourrait les réputer non écrites (art. 900) ou annuler la libéralité entière en considérant qu'elles en étaient la cause impulsive (art. 1131).

Il faut également décider sans hésitation que ces clauses, permises ainsi dans une libéralité consentie par quelqu'un qui a connu l'enfant, son caractère, ses goûts, ses intérêts et les dangers qu'il court, seraient absolument illicites si on les insérait dans un acte fait à un moment où il est impossible de se rendre compte de la personnalité particulière des enfants, et à plus forte raison, à un moment où la famille n'est pas encore constituée; c'est pourquoi la loi interdit d'insérer dans le contrat de mariage des stipulations modifiant les droits éventuels du survivant des époux sur la personne des enfants (art. 1388) [1].

d) Il reste un point sur lequel nous hésitons beaucoup. Le prémourant des père et mère peut-il restreindre les droits du survivant sur la personne de l'enfant par voie de disposition directe et principale?

restrictions au droit du père de diriger l'éducation, paraissaient avoir agi surtout par ressentiment personnel contre celui-ci, et avaient eu le grave tort de désigner pour le surveiller dans sa tâche d'éducateur un agent d'affaires: la clause fut déclarée non écrite. Peut-être la jurisprudence s'orienterait-elle autrement en présence de faits différents. — En tout cas, il est remarquable que, quand des clauses de ce genre ont été insérées dans des libéralités adressées à des *enfants naturels*, elles ont toujours été validées et considérées comme rendant de grands services. Pau, 13 févr. 1822 (S. 23. 2. 90; Caen, 27 août 1828, S. 30. 2. 245); Amiens, 12 août 1837 (S. 38. 2. 257); Trib. Seine, 27 janv. 1890 (S. 91. 2. 17). La question est-elle donc tellement différente? Ou bien ceux qui font des libéralités à des bâtards y insèrent-ils des clauses plus raisonnables que ceux qui gratifient des enfants légitimes?

(1) Ce texte nous fournit d'ailleurs un argument nouveau pour affirmer que les clauses de ce genre sont, en général, valables.

Il y a là une question qui aurait dû, ce semble, préoc-
cuper davantage, car elle met en jeu les bases mêmes de
la constitution de la famille ; on peut même être un peu sur-
pris qu'elle n'ait pas été soulevée plus souvent devant les
tribunaux. Voici un père mourant qui tient à ce que l'enfant
soit élevé dans tel établissement où il l'a placé, apprenne
tel métier, reste en relation avec tels de ses amis, etc., et
qui craint que sa femme n'ait sur ces questions des idées
opposées aux siennes ; les volontés qu'il émet sur ces points
avant de mourir obligent-elles sa femme non seulement au
point de vue *moral*, mais au point de vue *juridique*, et
peut-on dire que la femme qui les viole fait une chose
défendue par la loi ? A l'inverse, la femme qui a certaines
idées sur l'éducation de l'enfant, et qui est arrivée pendant
sa vie, à force de patience et d'habileté, à les faire accepter
plus ou moins complètement par son mari, peut-elle obliger
celui-ci, quand elle meurt la première, à continuer ce qu'il
a fait quand elle vivait?

Nous serions disposé, pour notre part, à croire que ces
déclarations de dernière volonté ont une certaine force obligatoire légale. A notre sens, il est utile aux intérêts des
enfants que cette force obligatoire existe, car il est à désirer
que la direction que les enfants reçoivent pendant leur
minorité présente une certaine unité, et qu'il n'y ait pas
une opposition trop grande entre la façon dont ils ont été
élevés pendant le mariage de leurs auteurs, et l'éducation
qu'ils reçoivent du survivant de leurs père et mère. Toutefois, nous reconnaissons volontiers que — même dans l'opinion que nous avons soutenue et d'après laquelle la garde
du survivant des père et mère n'est pas un attribut de la
puissance paternelle — il y a quelque difficulté à admettre
la validité de ces déclarations de volonté très particulières.
En effet, d'ordinaire, les testateurs ne peuvent disposer par
acte de dernière volonté que des droits qu'ils ont dans leur
patrimoine, des droits qu'ils exercent dans *leur propre
intérêt* ; il existe bien des dérogations à ce principe, comme
celles qui permettent au survivant des père et mère de
nommer un tuteur testamentaire (art. 397), ou au père pré-

mourant de nommer un conseil de tutelle (art. 391); mais
elles sont exceptionnelles.

Néanmoins, nous pensons qu'on peut considérer comme
valables de telles décisions prises par le prémourant des
père et mère, et cela par une conséquence de la solution que nous avons admise à propos des clauses insérées dans les libéralités par des tiers. Le prémourant
des père et mère, libre de priver son enfant de la quo-
tité disponible, peut ne la lui transmettre que sous certaines conditions; or, quand le survivant accepte la suc-
cession au nom de l'enfant, pourquoi ne serait-il pas lié
par ces conditions, comme il serait lié par celles d'une
donation ou d'un legs (1)?

En tout cas, cette solution comporte le même tempé-
rament que la précédente : les décisions prises ainsi par
le prémourant des père et mère sont sujettes à être annu-
lées par le tribunal, dans l'intérêt de l'enfant (Arg.,
art. 900) (2).

Telle est, croyons-nous, la façon dont on arrive à
concevoir les principaux caractères de la garde à laquelle
est soumis un enfant orphelin de père ou de mère, si
l'on se pénètre de l'esprit des textes, et des travaux préparatoires relatifs à la matière. Il y a là, pensons-nous,
une série de solutions d'accord avec la loi, qui concilie-
raient d'une façon assez heureuse le respect dû à l'autorité des parents avec la nécessité d'un certain contrôle
modéré, soit de la part de la famille, soit de la part des
juges; et, elles permettraient, en ce qui concerne cette

---

(1) Il semble bien pourtant que les auteurs du Code civil n'aient voulu per-
mettre au père prémourant la nomination du conseil de tutelle qu'en ce
qui concerne la gestion des intérêts pécuniaires de l'enfant. Il faut conclure
de là, selon nous, que la nomination d'un conseil à la mère survivante pour
les actes de gouvernement de la personne de l'enfant ne produira pas les
effets prévus par l'article 391 : elle sera sujette à être annulée par le tribunal
pour violation des intérêts de l'enfant.

(2) Si on admet notre opinion sur la validité des ordres donnés ainsi par
le prémourant des père et mère, il peut être délicat de décider qui *pourra
saisir* le tribunal, lorsqu'ils ne seront pas exécutés. Nous pensons que ce
droit appartiendra au subrogé tuteur (Arg., art. 420), et aux parents du
mineur (Arg., art. 406).

catégorie d'enfants, de compléter utilement le système trop rigide de la loi de 1889. Ces solutions sont conformes à des arrêts de la Cour de cassation, qui ne sont pas encore bien éloignés de nous ; peut-être n'y a-t-il pas une témérité excessive à espérer que quelques-unes d'entre elles pourront, à l'occasion, tempérer ce qu'il y a de fâcheux dans la pratique judiciaire actuellement suivie en la matière.

M. DESSERTEAUX.